コピーして
使ってね！

ぎもん

質問と回答
しつもん

疑問に思ったことや気になったことを、どんどん聞いてみよう。
どんな内容の答えがかえってきたかな？
ないよう

●はたらいている人への質問
しつもん

●答えてくれたこと

JN091888

まとめ・感想
かんそう

取材でわかった仕事のくふうや、それについて思ったこと、感じたことなどを書いてみよう。
しゅざい
かん

仕事のくふう、見つけたよ

青山由紀 監修

花屋さん・ドラッグストア

金の星社

はじめに

　みなさんが大人になったとき、どんな世の中になっているでしょう。今よりもさらに AI（人工知能）が活躍しているだろうと予想されています。けれども、いくら AI が進化したとしても、人間にしかできないことがあります。それは、「なぜだろう」と疑問をもち問題を発見する力、見つけた問題を解決する道すじを組み立てる力、物事を比較したり、その関係やつながりを考えたりする力、今までにないことを新たに創造する力、考えたことを自分らしく人に伝える力、相手のことを思いながらコミュニケーションをする力などです。次の時代を生きるみなさんに求められるこれらの力を、効果的に身につけるのに有効なのが、調べ学習です。

　「仕事のくふう、見つけたよ」シリーズは、仕事のくふうについて調べる活動を通して、先ほど述べたような力が身につく構成になっています。調べたい仕事について、事前に準備しておくこと、調べるときのポイント、まとめ方まで、みなさん自身が、調べ学習をしているかのように書かれています。これらは、「仕事のくふう」にかぎらず、何かを調べてまとめる活動をするときのヒントとなるはずです。

　質問を考えたりまとめたりするときのマッピングやベン図、チャート、マトリックスといった図表は、大人になってからも使える、物事を考えるときに力を発揮する手段となります。報告文という目的や形式の決まった文章の書き方も、これから先もずっと使えるものです。

　また、同じ仕事について調べる人にとっては、本書を読んで下調べをすることで調査やインタビューをするときの質問や疑問を考えたりする助けとなることでしょう。同じ仕事でも、たずねる相手によって、くふうはちがうものです。ぜひ、たずねた方から引き出してください。

　このシリーズが、みなさんの調べ学習と自分らしい報告文を書く助けとなることを願っています。

青山由紀（あおやま ゆき）

筑波大学附属小学校教諭。小学校で学級を受け持ちながら、複数の学年の国語の授業をおこなっている。また、筑波大学など複数の大学で、小学校の教員を目指す大学生も指導している。小学校『国語』『書写』教科書（光村図書）の編集委員をつとめる。著書に『「かかわり言葉」でつなぐ学級づくり』（東洋館出版社）、監修に『小学館の子ども図鑑プレ NEO　楽しく遊ぶ学ぶ　こくごの図鑑』（小学館）、『季節の言葉』シリーズ（金の星社）などがある。

も く じ

何を知りたいか はっきりさせよう

仕事のくふうを知りたいなら、
そこではたらいている人に聞くのがいちばん。
質問の内容を考えたり、取材の約束を取りつけたり
など、どうすればいいのでしょうか。

事前にしっかり予習して、「取材の達人」になろうね！

みんなで話し合って 図にしてみよう

　花屋さんの仕事のくふうを調べようと思ったとき、いったい何からはじめればいいのかこまってしまいますよね。どんなことを聞い

たらよいのか、考えてみましょう。

　まずは、花屋さんと聞いて思い浮かぶことばを、何人かでどんどん出して、紙に書いてならべてみます。そうしたら、それらのことばどうしのつながりを考えて、下のような図（マッピング）にしてみましょう。

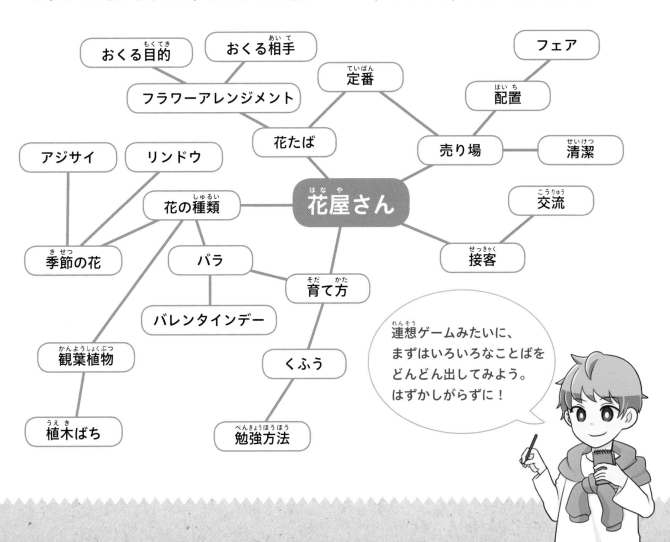

連想ゲームみたいに、まずはいろいろなことばをどんどん出してみよう。はずかしがらずに！

具体的な質問を考えよう！

　次に、そのことばについての疑問が出てくると思います。その疑問を解決するための答えをもらえるような質問を考えてみます。

　質問は、

- **いつ**
- **どこで**
- **だれが**
- **いくつ（どのくらい）**
- **どのように（どのような）**
- **なぜ、何のために**

をおさえるようにして、具体的な内容にしましょう。

　また、図書館で花屋さんの仕事を紹介している本を読んだり、インターネットでお店のホームページを見たりして、事前に調べておきましょう。より質問を考えやすくなりますよ。

　考えた質問は、メモに書いて、聞きたい順番や、内容が近いと思う順番にならべておきましょう。

ポイント
！ 疑問を質問に！

◯ 花屋さんでは、花がとてもきれいにならべられていますが、ならべ方にどんなくふうをしていますか？

◯ 花を長もちさせるためにどんなくふうをしていますか？

◯ 花たばはどうやってつくっているのですか？

◯ どんな花が人気がありますか？　また、お店の場所によってちがいはありますか？

質問はできるだけ具体的に。
「はい」「いいえ」で終わらないような質問内容にするのがポイントだよ！

les mille feuilles

レ ミル フォイユ

パリのマレ地区の街並みに着想が似ている千駄ヶ谷の街に
日本の第一号店として出店した les mille feuilles は
世界が大きく変化し続ける中、
伝統的なフラワーアレンジメントの文化を守り続けています。

また、アレンジの大事な要素である
「ナチュラル・色」
にこだわるだけではなく
ミルフォイユ（千枚の葉）の名前のとおり
花と同じように「葉」も大切に扱っております。
花や葉の持つ「気」を最大限に活かして
お客様の思いが伝わるように、花と向き合っております。

五反田本店
東京都品川区東五反田5-27-2
桜田通り沿い
平日：9:00 - 20:00
土曜日：9:00 - 19:00
日曜日・祝日：10:00 - 18:00
Learn More

アトレヴィ五反田店
東京都品川区東五反田1-26-14
JR五反田駅改札横
平日：10:00 - 21:00
土・日・祝日：10:00 - 20:00
Learn More

丸の内店
東京都千代田区丸の内1-5-1 新
丸の内ビルディング1F
平日・土曜日：11:00 - 21:00
日曜日・祝日：11:00 - 20:00
※店頭の営業は緑橋日の朝の20:30まで営
業。

大手町店
東京都千代田区大手町1-5-5
大手町タワーB2F
平日・土曜日：11:00 - 21:00
日曜日・祝日：11:00 - 20:00
Learn More

▲ホームページなどで、連絡先を事前にチェックしよう。

フラワーギフト

リベルテでは大切なかたへの想いをメッセージにのせてお届けできるよう、商品種ならびにお花を多数ご用意しております。
また、これまで培ってきた経験をもとに、最新トレンドを取り入れた「心に響く」フラワーギフトの企画・制作を行っております。
お花を通して会社のお花はお客様の大切な時や思い出から気持ちを届けるなどお手伝いができるよう、リベルテのお花より感じて。

ALL　　アレンジメント　　ブーケ　　ギフト

▲お店によっては、売っている花の種類や季節のフェアなどを紹介しているところもある。

インタビューの しかた

インタビュー、
緊張しちゃうよね。
でも、しっかり準備
すればだいじょうぶ！

質問を考えて、下調べもばっちり。
さあ、いよいよ取材です。でも、その前に
やることもたくさんあります。どんな
準備をするとよいか、見ていきましょう。

▌事前に取材の約束をしよう！

取材のためにいきなりお店に行っても、い
そがしくて時間が取れなかったり、お休みだ
ったりするかもしれません。場合によっては、
迷惑をかけてしまうことにもなります。

ですから、取材をお願いするときは、事前
に電話やメールで問い合わせましょう。てい
ねいなことばづかいで、はっきりと取材の目
的を伝えることがたいせつです。

許可をもらって取材が決まったら、取材先
のお店や施設の場所と取材日時を、先生や家
族の人に事前に伝えておくようにしましょう。

▲学校や家の近所にある場合は、いそがしくなさそうなときに
直接お店の人にたずねてみてもいいよ。

ポイント ! 電話やメールで伝えること

自分の名前、学校名、学年、連絡先

質問の内容（「仕事でおこなっている
くふうを聞かせてください」など）

取材したい日時

取材に行く人数

電話をするときは、
そばにおとなの人に
いてもらおう！

グループで役割を決めよう！

1人や2人でも取材はできますが、できれば3～4人でグループを組みましょう。質問する人、メモを取る人、録音や撮影をする人というように役割を分担します。役割に集中することで、話が聞きやすくなります。

メモ役や録音役の人も、疑問に思ったことがあったら質問してもよいですが、話の途中にわりこまないようにしましょう。

インタビューの練習をしよう

実際に取材に行く前に、先生や友だちを取材先の人に見立てて、練習をしてみましょう。練習をしっかりやっておくと、本番で緊張したり、あわてたりせずにすみます。

基本的には、事前に考えておいた質問の順番に話を聞いていきます。話の流れの中で、別なことへの疑問が浮かんだら、今している質問の答えを聞き終わってから、あらためて質問をしましょう。

メモを取る人
えんぴつ
ノート

レコーダー
カメラ

話を聞く人　　録音・撮影する人

! ポイント　インタビューの手順の例

1 あいさつ
こんにちは、私たちは○○小学校の3年生です。

2 インタビューの目的を説明
今日は、花屋さんの仕事のくふうについてお話をうかがいに来ました。

3 質問メモにそって質問

4 取材中に浮かんだ追加の質問

5 お礼のあいさつ
取材を受けていただき、ありがとうございました！

! ポイント　インタビューで注意すること

取材する人の目を見て話を聞こう

相手の話をさえぎらず、最後までしっかり聞こう

答えに対してわからないことがあったら、その場で確認しよう

ていねいなことばで話そう

終わったら、しっかりとお礼を言おう

仕事のやりがいやたいへんなことなど、本だけではわからない質問も聞けたらいいね。

花屋さんを調べよう

花屋さんでは、どんなものを売っているでしょうか。
お店の場所や大きさによってもちがいますが、店内をのぞいてみましょう。

情報① 花屋さんで 売っているものは？

花屋さんでは、色とりどりの花が売られています。バラやキクなど、一年を通じて売られる花もあれば、アジサイやリンドウなど、その季節だけお店にならぶ花もあります。やわらかいくきの花だけでなく、木の枝に花や葉がついた「枝物」とよばれる商品もあります。

いくつかの花を合わせたブーケや、かごに花をかざったフラワーアレンジメントも売られています。花の苗や、「観葉植物」とよばれる美しい葉をもつ植物の鉢植えもならんでいます。花をいけるための器や、花をおくるときにそえるカードなどを売っている店もあります。

▲花屋さんの店頭にならぶ色あざやかな花たち。見ているだけでも楽しい。

レジ
レジの裏側では、店員さんがせっせとブーケをつくっているみたい！
→ 17 〜 19 ページ

正面
入り口すぐのところには、色とりどりの花がかざられているね。
→ 10 ページ

FLO

情報② 花屋さんはこんな店

花屋さんには、さまざまな種類の花がディスプレイ用の器に入れられてならんでいます。

エプロン姿の店員さんが数名、近所のお店の開店祝いにおくるフラワーアレンジメントや、お店で売るブーケをつくっています。なやんでいるお客さんに、声をかけている店員さんもいます。

どんな商品をどこに置いているか見て、なぜその場所に置くのか理由を聞いてみよう。

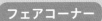

フェアコーナー
バラやキクなど、特定の花を集めたコーナーがあるね。
➡ 16 ページ

窓のそば
日当たりのよい窓側には緑色があざやかな植物が。どうして？
➡ 11 ページ

きれいなお店づくりのくふう

花屋さんは、色とりどりの花がならぶきれいなお店です。
店員さんは、品物のならべ方を、どのようにくふうしているのでしょうか。

くふう 1 お客さんの目をひく 正面の売り場

花屋さんに入った瞬間、目にとびこんでくる赤やオレンジ色などの美しい花々。そこは、入り口を入ってすぐの「正面」の売り場です。花屋さんは、お店の中でもこの正面のかざりつけにもっとも力を入れているそうです。それは、お客さんがお店に入ったときの第一印象をよくしたいから。「きれい！」「かわいい！」など、よい印象をもってもらえたら、花を買いたいと思ってもらえるかもしれません。

そのために花屋さんは、正面の売り場にお客さんの目を一瞬で引きつける色の花を置くそうです。その色は、春ならばあわいパステルカラー、秋ならば紅葉を感じさせる赤や黄色など、季節ごとにかわります。また、そのときに売りたいおすすめの花を正面に置くこともあります。

店員さんは、お客さんが店内をどのように歩いているかをいつも気にしています。それを参考に、どんな順番で花をならべたらお客さんが楽しく見てまわれるかを考えています。

▼正面の売り場はお店の外からも見える。お客さんを店内によびこむためにも、大事な売り場だ。

おひなさまの段かざりのように高さをかえて花を置くのも、お客さんが見て楽しめるようにしたくふうなんだって。

くふう2 植物のごみは しっかりかたづける

花屋さんでは、必要に応じて植物のくきを切ったり葉を落としたりします。そうしたごみが床に落ちたままだと、不衛生ですし、お客さんもいやな気もちになります。そんなことにならないよう、花屋さんでは、手のあいた店員さんがこまめにそうじをしています。ほうきとちりとりはロッカーなどにしまいこまず、すぐ手がとどく場所に置いています。

植物のごみは、野菜くずなどと同じで「生ごみ」です。ひと晩放置すると菌がふえ、そこに害虫がわくこともあります。そこで花屋さんは、その日のごみは袋にまとめて、店の外に出します。ごみが少なくてお店にのこすときは、ごみバケツのふたをしっかりしめてから帰ります。

お店がきれいだと、お客さんもやっぱり気もちがいいよね！

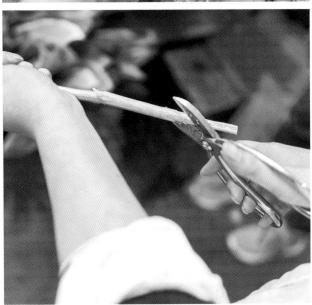

▲花たばをつくるときに切り落としたくきや葉は、こまめにそうじして店内をきれいにたもっている。

お仕事インタビュー

東の窓辺に観葉植物をディスプレイ！

当店では、東の窓辺に観葉植物をならべています。光をあびて美しく見えますが、この位置をえらんだのには別の理由もあります。

植物はやさしい朝日を好み、強すぎる西日が苦手なので、朝日のあたるこの窓辺は植物にとってここちよい場所なんです。おかげで、お客さまに買ってもらうまで、植物がいきいきとしていられるんですよ。

◀葉のきれいな緑色を楽しめる観葉植物も、このお店では人気。

（花屋さん店員）

花の仕入れのくふう

花屋さんは、花の市場で商品を仕入れます。お客さんによろこんでもらうために、どんな商品を仕入れるのでしょう。そのくふうを教えてもらいました。

くふう3 季節を先取りして商品を仕入れる

花を栽培している農家は、収穫した切り花を小さなたばにまとめて段ボールにつめ、1箱30本、50本、100本ほどにしたものを出荷します。それを売っているのが各地にある花の市場です。

花屋さんは、その市場で商品を仕入れます。「仕入れは毎週○曜日と○曜日」などと曜日を決め、朝早く市場に出かけて花を買ってきます。仕入れる花の種類は大きく二つ。一つは年間を通して出まわるバラやキク、ランなど。そしてもう一つは、その季節を感じさせる花です。

季節を感じさせる花は、その季節より少し早めに仕入れはじめます。季節を少し先取りした花を見て、「ああ、春だね」「もう秋だな」などと感じてもらえたら、お客さんがそれを買ってくれるかもしれません。

ほしい商品が市場に入らないとき、花屋さんは市場と連絡を取り合って情報をもらうこともあります。そして「入荷したよ」と情報をもらうと、すぐに仕入れてお店にならべます。

花が花屋さんにとどくまで

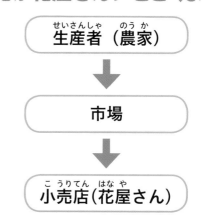

生産者（農家）
↓
市場
↓
小売店（花屋さん）

▲季節を感じさせる花を少し早めに仕入れはじめるのは、季節感をもとめて花を買うお客さんも多いからだという。

花屋さんは、季節の花をできるだけ早く入荷できるように、市場や産地と連絡を取り合っているんだって。

4 仕入れた花を咲かせるくふう

花の農家は「この花はこれくらいのつぼみの形なら、だいたい3日後に咲くだろう」などと、経験で知っています。そして花屋さんにならぶころに花が咲くように、ちょうどいい時期に収穫して市場へおろします。

でも、なかには少し早く収穫された花もあるそうです。そんな花を仕入れたとき、花屋さんは、あるくふうをします。花を入れる容器の水に糖分をまぜ、花が咲くのを早めるのです。

花屋さんによっては、花を買ったお客さんに、小さな袋に入った液体をくれることがあります。これも花の栄養になる糖分です。花をいける水をくさりにくくする殺菌剤もまざっています。お客さんのもとでも花が長くもつように、サービスでつけてくれるのです。これもお客さんをよろこばせるくふうです。

関東ではつぼみがふっくらしたものが、関西ではつぼみがかたいものが好まれるそうだよ。

仕入れの日を教わって、あらためて花屋さんを見学させてもらうのもいいね。段ボールに入ってとどく花が見られるよ。

▲花を仕入れるときは、季節感だけでなく、地域でどんな花が好まれるかなども考えて計画を立てる。

◀仕入れた時点ではつぼみだった花も、店頭できれいな花を咲かせる。これも花屋さんのくふうだ。

13

花を長もちさせるくふう

花屋さんの花は商品。しおれていたら買ってもらえません。そこで花屋さんはお店の花を元気に長もちさせるために、あるくふうをしています。それはどんなことでしょう。

くふう5 よぶんな葉を取りのぞく

切り花は、市場からお店についたとき、くきの下のほうまで葉がついています。でも買った花は、くきの下の方に1枚も葉がありません。花屋さんが取りのぞいたからです。

これは、花を長もちさせるためのくふうの一つ。葉がたくさんついたままだと、葉から水分がぬけて、花までとどく水分がへって、しおれてしまいます。そうならないように、仕入れた花1本1本から、よぶんな葉を取りのぞき、それからお店にならべているのです。

さらに、花をさしている容器の水は、基本的には毎日かえます。植物をくさらせる菌がふえないようにしています。

葉がついたままのくきを水にさしておくと、水につかった葉がくさり、くきまでいためてしまうことがあるそうだよ。

▲よぶんな葉を取りのぞくのは、切り花にとってとてもたいせつな作業だ。

くふう 6 花を長もちさせる「水揚げ」

花を長もちさせるくふうは、ほかにもあります。花屋さんは花をお店にならべる前、「水揚げ」という作業をします。水揚げとは、植物がよく水を吸うようにすることです。

水揚げにはいくつかの方法があります。くきのかたくない植物は、くきの下の部分を水の中でななめに切ると、切り口から水をよく吸うようになります。枝のかたい枝物は、太い枝の切り口に十文字の切りこみを入れて、水を吸いやすくします。

くきを切るときははさみを使いますが、植物のなかには、鉄をきらう種類があります。キクやリンドウなどは鉄のはさみで切るといたみやすいため、手で折るそうです。

◀アジサイの水揚げは、くきをななめに切り、くきの中にある中綿を取りのぞき、さらに皮をそぐ。こうすると、水を吸いやすくなって花が長くもつ。

▲枝に切れこみを入れる水揚げのようす。

作業のようすを撮影させてもらえたら、あとで文章にまとめるとき役立つね！

くふう 7 店内は花の好む室温に

花屋さんは、室温を花にとってちょうどよい温度にしています。取材した花屋さんでは、10月の室温が22〜23℃でした。花は、温度の高い場所に置くと弱るため、花屋さんによっては花用の冷蔵庫をそなえているところもあります。

寒い冬でも、店のドアをあけっぱなしにしている花屋さんもよく見かけます。それは、花が、部屋の中と外との温度差に弱いからです。急激に暑いところや寒いところへ出されると、花は元気がなくなります。それをふせぐために、花屋さんは、外との温度差があまりない店で仕事をしているのです。

お仕事インタビュー

花屋さんの道具

はさみは、くきのかたくない切り花に使い、ナイフは枝物などかたい枝の植物に使います。

カッターは、やわらかいくきを、はさみよりするどい角度で切りたいときに使っています。

くきの切り口がきれいでないと、植物がしっかり水を吸えません。だから、刃物はつねにといで切れ味をよくして、あらったりふいたりして清潔にしています。

（花屋さん店員）

15

イベントや商品づくりのくふう

よく行く花屋さんが、いつも同じ花を同じようにかざっていたら、あきてしまうお客さんもいるでしょう。そうならないように、花屋さんはどんなくふうをするのでしょう。

くふう 8 フェアでお客さんをあきさせない

花屋さんは、季節の行事に合わせてお店の雰囲気をかえます。たとえば母の日やハロウィン、クリスマスなどの季節のイベントの時期には、品ぞろえやお店のかざりつけをかえ、お客さんを楽しませます。

花屋さんによっては、「フェア」をおこない、バラやキクなど一つの花をテーマにしてお店の展示をかえる店もあります。フェアで取りあげる花は、そのときに売りたい花です。たとえば

「バラのフェア」を企画したら、そのために色も形もさまざまなバラの品種を仕入れ、お店にならべます。それを見て楽しくなったお客さんは、何種類ものバラを買いたくなるかもしれません。

イベントやフェアのときは花屋さんの雰囲気がかわるので、よく来るお客さんも、別の店にきたようで楽しくなるでしょう。多くの人にお店のファンになってもらい、「ここで買いものをしたい」と思ってもらえるように、花屋さんはくふうをこらします。

▲ハロウィンにぴったりな色合いの花を集めたフェアのようす。

一年分のフェアの企画を立てている花屋さんもあるんだって。どんなフェアの予定があるか聞いてみよう！

ガーベラのフェアで新品種を紹介

　当店では、毎年ガーベラのフェアをおこないます。ガーベラは4月が旬の花ですが、その出荷を終えると、生産農家さんはそれまで世の中になかった新しい品種の苗を植えるんです。

　その花がはじめて咲くのが10月。見たことのないかわいいガーベラを紹介できるので、この時期にフェアをおこなっているんですよ。

（花屋さん店員）

くふう 9　すぐに買える、つくりおきのブーケ

　花屋さんは、売っている花でブーケをつくってくれます。どんなブーケに仕上げるか、そのセンスと技も花屋さんのくふうと言えるでしょう。

　ブーケはお客さんが花をえらんで注文しますが、それをしなくても買える「つくりおきのブーケ」も売られています。これも花屋さんのくふうです。ブーケづくりをたのむ時間のない人でも、その場ですぐに買うことができるように

しているのです。

　花屋さんは、お客さんにブーケえらびを楽しんでもらうために、さまざまな種類のつくりおきのブーケをそろえます。色をかえたり、かわいいものやかっこいいものなど雰囲気をかえたり、大きなものからミニサイズまでつくったり、いろいろなブーケをくふうしています。

店員さんの手づくりの商品があるか、教えてもらおう。なぜそれをつくったのか聞けば、商品づくりのくふうがわかるかも！

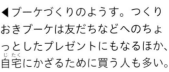
◀ブーケづくりのようす。つくりおきブーケは友だちなどへのちょっとしたプレゼントにもなるほか、自宅にかざるために買う人も多い。

接客をするときのくふう

花屋さんには、いろいろなお客さんが来ます。花を買う目的も人によってさまざま。
お客さんと接するとき、花屋さんはどんなことに気をつけているのでしょう。

くふう 10 花をえらぶお客さんの じゃまをしない

花屋のお客さんは年齢も性別もさまざま。花を買う目的も、恋人へのプレゼント、誕生日のおくりもの、おみまい、お礼、お墓参り用など、いろいろです。だれかにあげるのではなく、自分の家にかざる花を買いに来る人もいます。大きな花たばがほしい人もいれば、バラを1本だけほしい人もいます。花屋さんはそうした一人ひとりの要望をていねいにくみ取って、お客さんの花えらびを手伝います。

でも、あまりしつこく声をかけることはしないそうです。花をあげる相手のことを考えてい

るかもしれませんし、自分の好みに合う花をさがしているのかもしれないからです。

お客さんが「なやんでいるのかな？」と感じたら、そのときはじめて「どんなものをおさがしですか？」などと声をかけます。花屋さんには、ただきれいな花を見たくなってお店に来る人もいるそうです。どんな人も、たいせつにむかえるのです。

あまり質問ぜめにすると、こまっちゃうお客さんもいるかもしれないもんね。

▲たった1本のバラでもラッピングのくふうなどで、すてきなおくりものにしあげる。

▶親身になってお客さんの花えらびの相談に乗るのも、花屋さんのたいせつな仕事。

くふう 11 かんたんな質問で 気もちをくみ取る

人にあげるために花を買いに来た人の中には、どの花をえらんでいいかわからない人も少なくありません。そんなとき花屋さんはかんたんな質問をして、お客さんの気もちをくみ取ります。

質問は多くはありません。「だれにどんな目的であげるのか」「相手はどんな色が好きか」「どんなイメージの花たばにしたいか」、そして「予算はいくらか」などです。

返事を聞いたら、お客さんの反応を見ながら花を組み合わせ、「こんな感じでどうでしょう？」などと見てもらいます。ほかの花がよければ取りかえ、気に入ってもらえたら、ブーケを完成させます。

最後の仕上げがラッピング。ラッピングペーパーの色や質感は、それだけでブーケ全体の雰囲気をかえてしまう大事なポイントです。お客さんの希望を聞き、決められない人にはおすすめのものを提案するそうです。

できたらお客さんになって、おくりもの用のブーケをつくってもらおう。どんな質問からどんなふうにブーケができるのか体験できるよ。

▲花の色に合わせられるように、さまざまな色や質感のラッピングペーパーを用意している。

◀おくりものに人気があるはち植えのラン。花をいためないようにていねいにラッピング。

取材結果をふりかえろう

まとめる

お店の人への取材で、いろいろな話を聞くことができました。次は、その結果をあらためてグループで話し合って、思ったことやわかったことをまとめましょう。

取材したことを
わすれて
しまわないように、
なるべく早めに
しようね！

取材の結果を話し合おう

みんなでそれぞれ、思ったことを話し合いましょう。まずは、話がバラバラにならないように、取材したときの流れを書き出して、見学した場所や話を聞いた順番を整理していきます。取材した順番でテーマごとに話し合うと、そのときに感じたことを思い出しやすいです。

ほかの人が思ったことや気づいたこともメモに書いておきましょう。新しい発見や疑問が見つかるかもしれません。

ポイント

！ こんなことを話してみよう

どんなことを聞いたか

お店の人の回答

自分が思ったこと、感じたこと

特にすごいと思ったくふう

取材前に
考えていたことと、
実際に取材して
わかったことの
ちがいを話し合っても
おもしろいね。

取材メモをカードにまとめる

取材で聞いた話や取材後の話し合いでほかの人から出た意見をメモに取りましたね。報告文にまとめるために、そのメモを整理していきましょう。小さなカードに書き出していくと、見くらべたり、テーマごとに分類しやすいので、わかりやすくなります。あとから文章にするときにならべかえて使えるので、とても便利です。

たとえば、花屋さんの取材では、くふうの種類ごとにカードをつくってみてもいいでしょう。

ポイント

! カード化のコツ

- メモを見て、思い出しながら書きこむ
- 短い文章でかじょう書きにしてまとめる
- 共通する話やくふうを赤ペンやマーカーなどでチェックする
- 報告文に書くことを考えながらカードをつくる

ならべ方
- 入り口には季節の花など目を引きつけるきれいな花を置く
- 観葉植物は西日に弱いので、東に置く
- お店の場所によって、売れる花を考えている

カードにしてまとめることで大事なポイントが見えてくるね！

花の管理
- よぶんな葉を取りのぞき、くきを切る「水揚げ」をする
- 店内や冷蔵庫の温度を管理し、花が長もちしやすい環境をつくる
- 葉や枝などのごみはきちんとかたづける

花たばづくり
- お客さんの目的に応じた花たばをつくる
- かんたんな質問で気もちをくみ取る
- ラッピングも重要

文章にまとめて報告しよう

次は、報告文を書く準備に移りましょう。つくったメモやカードをもとにして、取材結果を整理し、伝えたいことや文章の組み立てについて考えていきます。

ほかの人にわかりやすく伝えるためには、ここが大事な作業なんだ。

表にして整理しよう

報告文でたいせつなのは、そのお店のことや、仕事のことをよく知らない人にもわかりやすく伝わるように、順序立てて文章を組み立てることです。

いきなり文章にするのはむずかしいので、報告文を書く前に、カードをもとにして、「疑問に思ったこと」「実際に聞いたこと」「そのときに感じたことや考えたこと」のように分類して、表をつくってみましょう。あとで文章にまとめるときに役立ちます。

疑問に思ったこと	聞いたこと	考えたこと
花をきれいに見せるためのくふうは？	季節の花や色合いを意識して、花を置いている。また季節のフェアもしている。	たしかに季節によって、花のイメージやきれいに感じる色はかわるかも！
ブーケをつくるときのくふうは？	お客さんの目的やおくる相手などを聞き、要望に合わせてつくる。つくり置きのブーケも売っている。	つくり置きのブーケがあると、イメージがつきやすいし、お店の技術のアピールにもなりそう。
花はどうやって仕入れてくるの？	朝早くに市場に行って、つぼみのものを仕入れる。そして、お店で育てて花を咲かせている。	どのくらいで花が咲くのか、つぼみを見ただけでわかるのはすごい。

疑問、答え、感想が見やすくまとまってきたね！

文章の組み立て方

いよいよ、報告文を書いていきます。

今回は、

・調べた理由

・調べた方法

・調べてわかったこと

・まとめ

の４つの段落に分けて考えてみましょう。

はじめに、なぜその仕事やお店を取材しようと思ったのか、どんな疑問をもったのかを書くと、読む人の興味を引きます。次に、どんな方法で調べたのか、どんな人に話を聞いたのかを書きます。

そして、実際に取材に行ってわかったことや学んだことを説明していきます。ここが報告文の中心となります。読む人にわかりやすく、しっかり書くため、文章はいちばん多くなります。最後は感じたことや自分の意見を書いて、まとめにしましょう。

読みやすさに加えて、読み手に報告文の内容が伝わる表現を考えてみよう。

ポイント！ 文章を書くときの注意点

そのお店や仕事のことをよく知らない人が読むことを考えて、ていねいに説明する

文章の量によって取りあげる内容をえらぶ

「です・ます」または「だ・である」など、文章の最後をそろえる

同じ話をくりかえさないように気をつける

ポイント！ 書き方のヒント

見たことがない人にも伝わるように、具体的に書こう

（例）「花屋さんは私たちの教室くらいの広さで、花が入った冷蔵庫も置かれています。」

読み手に疑問を投げかけてみよう

（例）「花屋さんは遠くから見ても、とても色あざやかできれいだと思ったことはありませんか？　それは花をきれいに見せるために配置や色を……。」

絵や写真をじょうずに使おう

文章だけでは伝わりにくいと思った点は、写真や図、表などを入れるとわかりやすくなる。たとえば、花屋さんでは店内の写真や見取り図などを入れると読み手に伝わる報告文になる。

色や形などのようすを正確に伝えたいときは写真を使うととても効果的だよ。

花屋さんを取材したまとめ

いよいよ、発表のときが近づいてきましたね。報告文の確認と仕上げに取りかかります。実際の報告文の例を見てみましょう。

ここがうでの見せどころ。くふうや魅力をまとめよう。

報告文のコツ

報告文でいちばんたいせつな点は、わかりやすさです。これまでに書いたカード、表、撮影した写真などをならべて、見たこと、聞いたこと、思ったことを順序立てて、書いていきましょう。

読み手の気もちになって書くんだね。

花屋さんの仕事のくふう

名前　〇〇〇〇

1、調べた理由

　わたしは花が大すきで、いつも母といっしょに花屋さんに行って、花を買い、家で育てています。花屋さんに行くと、きれいな花がならんでいます。どんなくふうがあるのか知りたくなり、調べてみました。

2、調べたほうほう

　駅前にあるフラワーショップ〇〇に行き、店長の〇〇さんにお話をうかがいました。

3、調べてわかったこと

（1）花を長もちさせるくふう

　花屋さんでは朝早くに市場に行き、花を仕入れてくるそうです。多くの花はまだつぼみです。お店にはこんだあとはよぶんな葉を取ったり、くきを切る「水あげ」をします。それをすることで花が長もちし、きれいなじょうたいをた

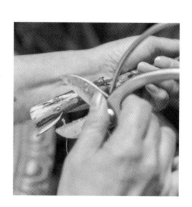

まとめた文を見直そう

まとめた文を読み直し、まちがいなどがないか、確認します。声に出して読むと、まちがいを見つけやすくなります。また、発表の前にグループでおたがいの報告文を読んで、感想を出し合うのもいいでしょう。自分だけでは気づけなかったまちがいや、もっとよくするためのポイントを仲間が見つけてくれることもあります。

ポイント ! **タイトルは大きく**

タイトルは大きく、見出しはそろえることで、見た目にメリハリが出ます。

ポイント ! **できるだけ具体的に**

「いろいろ」ということばは使わずに、取材に行ったからこそわかったことをくわしく書きましょう。

もつことができるそうです。花のしゅるいによって、水あげのほうほうにはちがいがあります。また、お店の温度を一定にたもつことも、花を長もちさせるためにはたいせつです。

ポイント ! **写真や図も使おう**

写真や図、表などを入れることで読み手に伝わりやすくなります。

(2) 花たばのつくり方

花たばは、お客さんのもくてきに合わせてつくります。どんな花を使うか、お客さんにていあんすることもあるので、つねにイメージをふくらませながら、仕事をしているそうです。

ポイント ! **まとめはわかりやすく**

どんなくふうがあったのか、感想などをわかりやすく書きましょう。

4、まとめ

しゅざいを通して、花屋さんは、花をきれいに見せるためにたくさんのわざをもっていることがわかりました。きせつの花や花ごとの育て方など、たくさんのちしきがあるからこそ、きれいな花がお店にならべられるのです。わたしももっと花のことを学んでみようと思いました。

次はドラッグストアを取材してみよう！

ドラッグストアを調べよう

私たちの生活の身近にあるドラッグストア。薬をはじめ、いろいろな商品がそろっています。ドラッグストアの内側はどんなふうになっているのか見てみましょう。

情報①　ドラッグストアには、薬以外にも商品がたくさん

「ドラッグ」とは、英語で「薬」という意味です。薬は、病院で医師に処方せん（➡ 31 ページ）を書いてもらって出す医療用医薬品と、お店で売っている市販薬の、大きく 2 種類に分類できます。ドラッグストアでは、おもに市販薬を売っています。

ドラッグストアで取りあつかっているものは、薬だけではありません。シャンプーやリンス、歯ブラシ、歯みがき粉、洗剤など、体や身のまわりを清潔にたもつものの品ぞろえも豊富です。

家族や先生、おとなの人に「いつもドラッグストアに行ったら何を買うか」を前もって聞いておくと、取材に行ったときに多くの発見ができるでしょう。

▲ドラッグストアで売られているさまざまな薬や日用品。

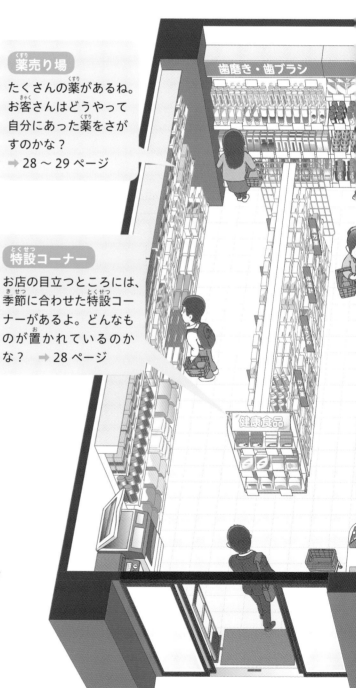

薬売り場
たくさんの薬があるね。お客さんはどうやって自分にあった薬をさがすのかな？
➡ 28 〜 29 ページ

特設コーナー
お店の目立つところには、季節に合わせた特設コーナーがあるよ。どんなものが置かれているのかな？　➡ 28 ページ

歯磨き・歯ブラシ

健康食品

情報② 肉や野菜を買える お店もふえている

　ドラッグストアでは、さまざまな日用品や食品を取りあつかうお店もふえています。お菓子や飲みもの、カップめんなどを安く買えますが、中にはスーパーマーケットのように、肉や野菜などを売っているお店もあります。

　お店の大きさや場所によって、売るものをえらび、お客さんを集めているのです。

私はリップクリームがほしいときにドラッグストアでさがしているよ。

日用品

ドラッグストアには日用品もたくさん。どんなものをそろえているのかな？
➡ 32 〜 33 ページ

ポスターやチラシなどがはってあったら、それもチェックしておこう。

シャンプー・コンディショナー　芳香剤　衣料用洗剤

マスク　スキンケア　コンタクト

処方箋受付

レジ

レジの奥にも薬が置いてある。どうしてかな？
➡ 30 〜 31 ページ

調剤室

処方せん受付と書いてある部屋があるよ。ここにも薬があるみたいだけど、売り場の薬とどうちがうのかな？　➡ 31 ページ

売り場の配置のくふう

ドラッグストアには薬をはじめ、たくさんの商品があります。
お客さんがほしい薬をさがすためのくふうやしかけを見つけましょう。

くふう1 大きな分類に注目！ お客さんにも店員さんにも便利な配置

ドラッグストアには、たくさんの薬が置かれています。まずは、どんなものがあるのかを見てみましょう。

天井からつるされたボードやたなの上に注目してみると、売り場の分類が書かれていて、どこに何があるかがひと目でわかるようになっています。いろいろな種類の薬や健康食品があることがわかりますね。お客さんにわかりやすい配置は、店員さんにとってもおぼえやすい配置です。毎日の品出し（商品の補充）や、お客さんを案内するときにも便利です。

また、季節感を出すこともくふうの一つです。春は花粉症、夏は日焼け止めや夏バテ対策、秋や冬にはうがい薬やマスクなどのかぜ予防というように、季節ごとに特設コーナーをつくります。お客さんがもとめているものを考えながら、配置を決めているのです。

店内の表示を見ながら、ジャンルをメモしてみよう

- かぜ薬
- 頭痛薬
- 胃腸薬
- 鼻炎薬
- きず薬
- しっぷ薬
- 目薬
- ビタミン剤

など…

▲たなの上には番号と分類が書かれており、商品の場所がわかりやすいようにくふうされている。

季節によって、はやる病気もちがったりするよね。季節ごとにどんな特設コーナーをつくっているか、聞いてみよう。

くふう 2 たなの中でもこまかく分類 置き方にはくふうがたくさん！

次は、たなに注目してみましょう。かぜ薬のたなにはたくさんの薬がありますが、たなの中でさらにこまかく分類されています。「熱がある・ふしぶしの痛み」「鼻水・鼻づまり」「せき・のどの痛み」「子ども用」など、症状に合わせた薬を見つけやすいくふうがされています。

また、商品の説明や値段が書かれた「POP」も、ドラッグストアではとても多く使われています。おすすめの商品やお買い得の商品、その商品のポイントをお客さんにアピールするための方法です。

ほかには、商品のむすびつきも考えられています。たとえば、ばんそうこうの近くには消毒液やガーゼなど、いっしょに使うものがならべられています。

▲症状や薬の種類に合わせて商品を整理して、たなにならべている。

人気の高い商品は多く置かれているよ。なぜ、その商品が人気があるのか、理由を聞いておくと、参考になるよ。

▲たなの中でもこまかく分類されているのは、お店の人が品物を補充するときにも便利なしくみ。症状のほかに、薬のリスク（➡ 30 ページ）の表示もしている。

お仕事インタビュー

見やすく、取りやすく、買いやすいの3点を考える

商品の配置は「見やすく、取りやすく、買いやすい」ことがたいせつです。当店では、お店に入っていちばん目立つ位置に医薬品や健康食品を配置するようにしています。

朝の仕事は、お店にはこばれてきた商品を品出ししやすいようにジャンル分けするところからはじまりますが、たなに番号をふっていることで、効率よく作業をすることができます。

POP 広告は、テレビ CM で紹介されている商品や今話題の商品には、ひと目でそれとわかるようなデザインのものを用意します。また、高齢者の方が手に取ることの多い商品は、高すぎず低すぎない位置に置くことも心がけています。

（ドラッグストア店員）

薬をあつかう注意点とくふう

ドラッグストアには、たくさんの種類の薬があることがわかりましたね。
次に聞いておきたいのは、薬を取りあつかうときに気をつけることです。

くふう 3 薬を売るには たくさんの知識が必要！

薬には効果がある一方で、飲むタイミングをまちがえたり、いっしょに飲んではいけない薬を飲んだり、体に合わなかったりすると、「副作用」という、体によくない影響が出てしまう可能性があります。

薬がならんでいるたなやパッケージを見ると、「指定第2類医薬品」「第2類医薬品」「第3類医薬品」などの表示があります。これは、薬の副作用のリスク（危険性）をあらわしていて、第3類から順にリスクが高くなっていきます。

ドラッグストアでは、症状別のたなの中でも、そうしたリスクの度合いがわかりやすいように商品をならべています。

お店には、薬の知識をもった専門家がいます。すべての薬を取りあつかうことができる、薬剤師という資格をもつ人です。特に「第1類医薬品」はリスクが高いため、お客さんが直接手に取れないレジの奥などに置かれています。その薬を必要とするお客さんに薬剤師がリスクを説明し、まちがいがないように慎重に取りあつかう決まりになっているのです。指定第2類医薬品は、レジやカウンター近くの専門家の目がとどくところに置かれています。

医薬品よりも効果がゆるやかな「医薬部外品」もあるんだって。薬をえらぶときは、お店の人にどれがいいのか聞いてみよう。

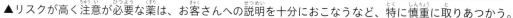

▲リスクが高く注意が必要な薬は、お客さんへの説明を十分におこなうなど、特に慎重に取りあつかう。

くふう4 医療用医薬品をあつかう調剤室がある店も

　店頭で売っている市販薬（OTC医薬品）に対し、病院でお医者さんが出した薬の指示書（処方せん）にもとづいて調剤薬局で出す薬を、「医療用医薬品」といいます。ドラッグストアの中には、調剤室がお店の中にあり、処方せんを受けつける「併設型店舗」もあります。お年よりや体の弱い人などには、家から近いところに調剤薬局があるととても助かります。これも、ドラッグストアのくふうの一つです。

　ドラッグストアの薬剤師は、市販薬の成分や新商品の情報をつねに学んでいるため、ふだん使用している薬に合わせて、「市販薬を飲んでいいか」など、さまざまな相談を受けています。また、お店で何かをさがしているお客さんがいれば、積極的に声をかけ、相談に乗っています。

▲お店の中にある調剤室。病院で出された処方せんをもとに薬を出す。

薬のことをよく知っている専門家がいれば、安心だね。どんな相談が多いのか聞いてみるといいかも！

▲ドラッグストアには薬剤師や登録販売者といった、薬の知識をもつ専門家がいる。お客さんの体のなやみにこたえるのも仕事の一つ。

お仕事インタビュー

笑顔で接することで安心してもらう

　医薬品は病気をよくする効果がありますが、あやまった使用方法をすると、副作用もあります。ですから、小さなお子さまから高齢者の方まで、わかりやすい表現でていねいに説明することを心がけています。現在の症状をくわしく理解するために、過去の病気や現在の通院状況、アレルギーなどをこまかく確認することも大事な仕事です。

　また、病気になっているお客さまは不安も多いかと思います。お客さまが安心してご利用いただけるように笑顔も意識しています。

（ドラッグストア店員）

31

薬以外の商品をあつかうくふう①

ドラッグストアには薬だけではなく、日用品も数多くそろっています。どんな商品を重点的においているのか、品ぞろえを調べてみましょう。

くふう⑤ シャンプーや洗剤など、ばつぐんの品ぞろえ

お店の中をひとまわりしてみると、薬だけではなく、日用品も数多く取りあつかっていることがわかると思います。シャンプーやリンスなどのヘアケア用品、歯ブラシや歯みがき粉などのオーラルケア用品、洗剤やそうじ用品もたくさんありますね。そのような日用品も、ドラッグストアの得意な分野です。薬と同じようにPOP広告や特設コーナーをつくったり、安売りをアピールしたり、多くのお客さんに「ドラッグストアの品ぞろえ」を知ってもらうくふう、印象づけるくふうがされています。

特にテレビCMやインターネットで話題の商品や品質のいい商品などの「売れる商品」は、目立つように配置されています。品ぞろえをメモするとともに、お店の人に売れすじの商品やならべ方のコツを聞いてみましょう。

▲ふつうの薬以外にも、歯みがき粉や洗剤など、生活にかかわる豊富な「薬品」をあつかっている。

◀商品の補充や整備、売り場のそうじもたいせつな仕事。

マスクやハンドソープは病気の予防にもつながるものだね。関係のある商品が近くに置いてあるとさがしやすいね。

くふう 6 お客さんをあつめる チラシやポイントカード

お客さんにお店に来てもらう方法の一つがチラシです。ドラッグストアのチラシには、お店が力を入れている商品や季節のフェアの情報が書かれており、取材の前に見ておくと、商品や売り場のイメージがつきやすいでしょう。また、取材のあとに結果をまとめるときにも役立つので、お店の人にお願いして、最新のチラシをもらってくるのもおすすめです。

また多くのドラッグストアでは、ポイントカードを発行しています。買いものの金額に応じて、ポイントをつけることでお店にくりかえし足をはこんでもらうくふうです。そのほか、スマートフォンのアプリなどで、安売りや商品の情報を発信しているお店もあります。

ドラッグストアのチラシは、お店のたなと同じようにジャンルごとにまとめられているね。これもお客さんに品ぞろえを知ってもらうくふうなんだ。

▼ドラッグストアのチラシ。スーパーマーケット顔負けの品ぞろえと値段をアピールしている。

 なし

 なし

 なし

薬以外の商品をあつかうくふう②

ドラッグストアでは、健康食品や化粧品も多く取りあつかっています。
「健康」にかかわるさまざまな商品にも注目してみましょう。

くふう7 病気を予防するための健康食品もお店の主力

ドラッグストアでは、ふだんの食事や栄養をサポートするためのサプリメントや健康食品の販売もしています。病気になってから飲む薬だけではなく、病気にならないための体づくりにも力を入れているのです。

はだを美しくたもつためのビタミン剤や、骨をじょうぶにするカルシウム剤など、どんな商品が多いのかチェックしておきましょう。

お店によっては、栄養士や管理栄養士といった、栄養の知識を学んだ専門家がいる場合もあります。お客さんの質問や疑問に答え、いろいろな要望に合った商品を紹介しています。

▲ふだんの生活や食事も病気の予防にはたいせつなこと。アドバイスしてくれる専門家がいれば、お客さんも安心。

ドラッグストアは「お客さんの健康をサポートすること」が大きなテーマなんだね。

▲体によいとされている栄養補助食品などを豊富にあつかっているのも、ドラッグストアならでは。

くふう 8 化粧品や食品、飲みものなど さまざまな商品が充実

ドラッグストアは、化粧品が充実していることでも知られています。特にスキンケア（はだのケア）は、多くのおとながかかえるなやみです。ほとんどのドラッグストアが、スキンケア商品をまとめたコーナーをつくっています。

お客さんの目的に合わせて、薬や健康食品、化粧品をセットで紹介できるのも、ドラッグストアならではのくふうといえるでしょう。

そのほかにもドラッグストアは、お菓子や飲みものが安いイメージをもつ人が多いと思います。これも、お客さんをお店によびこむためのくふうです。食べものや飲みものを安くすることでひんぱんにお店に足をはこんでもらい、薬や日用品、化粧品などの商品も見てもらおうという作戦です。

どんなものを目玉商品にしてお客さんを集めているか、聞いてみるのもおもしろいね。

◀健康と美容はセット。化粧品などの相談に乗る、美容の専門家がいるドラッグストアもある。

▲血圧計やフットケア商品の売り場。「健康」にかかわるはば広い商品をあつかっているのは、ドラッグストアの強みといえる。

◀さまざまな食品を販売しているドラッグストアもある。

まとめる

取材結果を くらべよう

花屋さんにつづき、ドラッグストアの取材も終わりましたね。今度は花屋さんとドラッグストアをくらべて、似ている点やちがう点をさがしてみましょう。

> どちらも商品を
> お客さんに売る
> お店だったね。

ドラッグストアの取材結果

花屋さんの取材と同じように、ドラッグストアの仕事とくふうをまとめてみましょう。グループで話し合い、取材メモを見ながら、ドラッグストアの特徴をかじょう書きにして表にしたり、カードにしたりして書き出していきます。

今回は花屋さんとドラッグストアの同じところをくらべていくので、そのあたりも意識しておきましょう。「商品の見せ方」「お客さんへの対応」「仕入れのくふう」などが、ポイントになりそうですね。

> ドラッグストアでは、
> わかりやすいならべ方を
> していたよね。

ポイント

ドラッグストアの特徴

お客さんがどこに何があるのか、わかりやすい配置にしている

入り口の近くには季節の特設コーナーをつくっている

薬の知識をもった薬剤師や登録販売者の人がお店にいる

お客さんの相談を聞き、適切な薬を紹介する

日用品や化粧品、食品などの販売に力を入れているお店も多い

ならべ方のくふう
・薬にはリスクもあるのでわかりやすく表示する
・POP広告で商品をアピール

お店に来てもらうくふう
・特売のチラシをつくる
・ポイントカードを発行し、お店の常連さんになってもらう

花屋さんとドラッグストア、くらべてみよう

花屋さんとドラッグストアは、一見まったく関係のないお店のように感じるかもしれません。しかし、お客さんに商品を売るという点では同じです。このように商品を仕入れ、お客さんに商品を売るお店のことを「小売」といいます。お客さんにお店に足をはこんでもらうためのくふう、商品を買ってもらうためのくふうには、意外と共通点があります。

表にまとめてみると、同じようなくふうが見つけられますね。下の表にない共通点やちがいも、さがしてみましょう。

どちらのお店も季節によって、商品のならべ方をくふうしていたね。「季節」は一つのキーワードだね！

ポイント

！ どんなところが似ている？

花屋さんとドラッグストアのくふうを、それぞれ同じ形の表でまとめてみました。見くらべて、共通するポイントを考えてみましょう。

花屋さんの仕事

ならべ方のくふう
季節の花を見えやすい場所におくなど、きれいに見えるようにならべる

仕入れのくふう
季節の花など、お客さんに売れそうな花をえらぶ

接客のくふう
お客さんの目的に合った花を紹介する

花たばやブーケ、フラワーアレンジメントの制作

商品のくふう

ドラッグストアの仕事

ならべ方のくふう
必要な薬の場所がすぐにわかるようにならべる。季節のコーナーもある

仕入れのくふう
季節感を意識し、お客さんに売れそうな商品をえらぶ

接客のくふう
お客さんの目的に合った薬を紹介する

日用品や食品など、多くの種類を取りそろえる

商品のくふう

いろいろな まとめ方

取材結果をくらべたり、考えをまとめるときには、さまざまな図や表、グラフなどが役に立ちます。次のような方法で、考えを広げたり整理したりしてみましょう。

図や表、グラフのことを「チャート」というよ。

表にまとめて、わかりやすく分類する！

37ページで、花屋さんとドラッグストアをくらべるのに使用した方法を「Xチャート」といいます。たくさんのことがらを整理したり、分類したりするのに役立つ方法で、紙に

大きく「X」を書き、それぞれがどこにあてはまるか書き出していく方法です。下の図では、消防署の仕事を分類してみました。

その仕事がどこにあてはまるか、まとめるのにべんりだね！

ポイント！ Xチャートの例

消防署の仕事

消防課
消防車で現場にむかい火事を消し止めたり、消火器の使い方などを市民に教える

救助係
火事でにげおくれた人や、交通事故で車にとじこめられた人を助ける

救急係
病人やけが人を救急車で助けたり、心臓マッサージなどに使うAEDの使い方を教えたりする

予防係
ガソリンや灯油をあつかうところが安全か検査・指導する

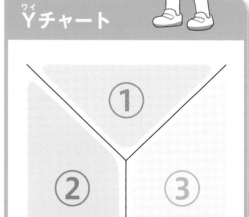

Yチャート

① ② ③

▲大きく「Y」を書き、3つの項目に分けるものを「Yチャート」という。

さまざまなまとめ方・くらべ方

ほかにも、いろいろなまとめ方があります。調べた内容によって、使い分けましょう。

★ベン図

2つの円を使って、2つのものの同じところとちがうところをあらわす図を「ベン図」といいます。円が重なる部分は同じ特徴、重なっていない部分はそれぞれにしかない特徴です。似ているところが多いお店や仕事をくらべるときには、とても効果的な方法です。

★マトリックス

下の表は「マトリックス」といい、たて線と横線で表をつくり、項目ごとにくらべる方法です。同じところをくらべることもできますが、ならべることでそれぞれのちがいをより強調できます。「大きさ」「時間」「回数」「速さ」など、数をくらべてあらわすときにとても便利な表です。

ベン図の例

スーパーマーケット	共通	コンビニエンスストア
・朝から夜の営業 ・面積が広い ・安売りの商品が多い	・お客さんに商品を売る ・オリジナル商品	・営業時間が長い ・面積がせまい ・公共料金などの支払い ・新商品が多い

どのまとめ方にもいいところがあるよ。目的に応じて使い分けよう。

マトリックスの例

	乗り合いバス	タクシー
乗車する場所	あるていどの区間ごとにもうけられたバス停	よび出しの連絡をすると、好きな場所から乗ることができる
料金	110円 （区間内なら同じ料金）	2kmで740円 （距離によって上がる）
乗車できる人数 （車の大きさ）	50人くらい（大きい）	1〜4人（乗用車と同じ大きさ）

※数字は一例です。

さくいん

編集	株式会社 アルバ
取材協力	株式会社 リベルテ（レ ミルフォイユ ドゥ リベルテ五反田本店） 株式会社 サンドラッグ
執筆協力	金田 妙、落合 初春
写真撮影	五十嵐 佳代
イラスト	山本 篤、彩 いろは
ブックデザイン	鷹觜 麻衣子
DTP	チャダル 108、スタジオポルト

仕事のくふう、見つけたよ

花屋さん・ドラッグストア

初版発行 2020 年 3 月　第 4 刷発行 2023 年 6 月

監修	青山 由紀
発行所	株式会社 金の星社 〒111-0056 東京都台東区小島1-4-3 TEL 03-3861-1861(代表)　FAX 03-3861-1507 振替 00100-0-64678　ホームページ https://www.kinnohoshi.co.jp
印刷	広研印刷 株式会社
製本	株式会社 難波製本

NDC376　40ページ　29.2cm　ISBN978-4-323-05183-3
©Aoyama Yuki, Yamamoto Atsushi, Irodori Iroha, ARUBA inc. 2020　Published by KIN-NO-HOSHI SHA, Tokyo, Japan
■乱丁落丁本は、ご面倒ですが小社販売部宛ご送付下さい。送料小社負担にてお取替えいたします。

JCOPY 出版者著作権管理機構 委託出版物
本書の無断複写は著作権法上での例外を除き禁じられています。
複写される場合は、そのつど事前に、出版者 著作権管理機構
（電話 03-5244-5088、FAX 03-5244-5089、e-mail: info@jcopy.or.jp）の許諾を得てください。
※本書を代行業者等の第三者に依頼してスキャンやデジタル化することは、たとえ個人や家庭内での利用でも著作権法違反です。

仕事のくふう、見つけたよ 全4巻

スーパーマーケット・コンビニエンスストア

みんなの食生活を支えているスーパーマーケットとコンビニエンスストア。スーパーマーケットの入り口付近に野菜・果物売り場があることが多い理由や、コンビニエンスストアでおこなっている便利なサービスなど、意外と知らない「仕事のくふう」がたくさん！

おもな内容：【インタビューのしかた】／【スーパーマーケットを調べよう】売り場の配置には、くふうがたくさん！／野菜売り場、魚売り場のくふう など／【取材結果をふりかえろう】／【文章にまとめて報告しよう】／【コンビニエンスストアを調べよう】売り場の配置のくふう／さまざまな便利機器を設置する！ など／【取材結果をくらべよう】

パン屋さん・レストラン

食べ物を作り提供するパン屋さんとレストラン。開店直後に焼きたてパンを並べるため、朝からおこなうパンづくりや、レストランで素早く料理がだせる秘密、新商品・新メニューを考えるアイデアなど、お客さんに喜んでもらうためのくふうを紹介します。

おもな内容：【インタビューのしかた】／【パン屋さんを調べよう】パンづくりのくふう／新商品を考えるくふう／パンのならべ方や店づくりのくふう など／【取材結果をふりかえろう】／【文章にまとめて報告しよう】／【レストランを調べよう】フロアの仕事のくふう／キッチンの仕事のくふう など／【取材結果をくらべよう】